목적어와 외딴섬

목적어와 외딴섬

오양옥 첫 시집

세종출판사

시인의 말

무엇을 위해 살아가는지
수많은 핑계를 방패로 내세우는
나와 당신이라 슬픕니다.

아픈 줄 몰라서
아픈 걸 알면서도
키워왔던 별의별 상처에
제 첫 졸시집이
슴슴한 위로가 되었으면
좋겠습니다.

2025년 을사년 오양옥

차례

시인의 말 —— 5

제1부
아침은 똥차가 연다

아침은 똥차가 연다 —— 13
알나리깔나리 —— 14
들으려는 자, 말하려는 자 —— 15
가스라이팅이 따로 있나 —— 16
텔레비전이 말한다 —— 17
꼴랑, 딸랑 —— 18
도무지 —— 19
진정한 모름을 위해 —— 20
인형놀이 —— 22
한 끗 차이 —— 23
앤, 그녀와 마주하다 —— 24
따닥과 타닥 —— 25
어느 나르시시트의 生 —— 26
오가는 삶, 디봇에 심다 —— 27
민낯 등신불 —— 28
목적어와 외딴섬 —— 29
울컥海와 다島 해 —— 30

제2부
각(角)의 노래

비상구, 어쩌면 거기 —— 33
흔하기도 귀하기도 —— 34
팽팽하다 —— 36
다르니까 다른 건데 —— 37
산자도 사자도 아닌 —— 38
타악(打樂)의 새벽 —— 39
피사리 —— 40
각(角)의 노래 —— 41
그 결박을 풀고 —— 42
肝만세 —— 43
넘쳐서 모자란 —— 44
가을날 비손 —— 45
돌이키다, 詩 —— 46
하늘 속 가을 —— 47
오지 않은 어느 날 —— 48
결로현상(結露現狀) —— 50
定義할 수 없는 —— 51

제3부
술꾼 도시 여자들과 건배

약 —— 55
'반드시' —— 56
生 하나 —— 57
변기여, 카타르시스여 —— 58
우리들의 방심에게·1 —— 59
우리들의 방심에게·2 —— 60
마약 권하는 사회 —— 61
미궁, 그 안과 밖 —— 62
술꾼 도시 여자들과 건배 —— 63
핼러윈 글루미 —— 64
미용실 촉감 —— 65
이승 끝자락 꽃 —— 66
벌교에서 꼬막을 읽다 —— 68
커피 생각 —— 69
톡! —— 70
덫 —— 71
마른 목소리들 —— 72

제4부

수많은 오늘들

꿰며 꿰어지며 —— 75
온전한 주류를 꿈꾼다 —— 76
다시 신데렐라를 쓰다 —— 77
오랜 봄으로 —— 78
아슴거리다가 찍혔다 —— 80
돌담을 읽다 —— 81
세상의 손목들 —— 82
그러므로 더 사랑하라 —— 83
아지랑이 봄 봄 —— 84
내일, 손금을 헤치듯 —— 85
선물, 마음이며 껍데기인 —— 86
뒷간 추억 —— 87
소금을 닮으려 —— 88
원한 적도 원할 수도 —— 89
신드롬 세상 속 —— 90
수많은 오늘들 —— 91
실향민이 되다 —— 92

제5부
마음大路 그리고 自然스럽게

직사각형의 노래 —— 95
사랑海 —— 96
血, 전류보다 뜨거운 —— 97
이사는 진행 중 —— 98
'때'도 추억이 된다 —— 99
허락된 가출 —— 100
바람의 색깔 —— 102
마음大路 그리고 自然스럽게 —— 103
밤을 깨우다 —— 104
한여름 딴생각 —— 106
초겨울 동살로 와준 —— 107
서로 다른 하나들 —— 108
生, 돌려막기 —— 109
깔맞춤 과정 —— 110
살, 대를 잇다 —— 111
그 봄 어쩔 수 없어 —— 112
차라리 내가 —— 113

서평 | 이자영
주지적 감성으로 푸는 삶의 진정성과 곡진함 —— 115

제1부
아침은 똥차가 연다

아침은 똥차가 연다

사람 위에 사람 없고
사람 밑에 사람 없다는 말
새빨간 거짓이 된 지 오래다

콩나물국밥도
핏물 고인 스테이크도
간밤의 행적 깡그리 지워버린 채
이곳에선 그저 똥이다

부글부글 터지는 세상
미주알고주알 쏟아낸 푸닥거리 갈앉혀
별 다름없는 무심함으로
나의 아침을 두드린다

품고 있거나 뱉어내거나
그놈이 그놈인데
구린 눈엔 구리게만 보일 테지

귀하지 않은 중생 어디 있을까
오늘도 초록의 똥차는
똥같은 세상 똥으로 뭉개며
후련한 아침을 연다

알나리깔나리

"임금님은 벌거벗었대요"
알나리깔나리를 외치는 목소리에
속살 속에 감춰졌던 옷자락이 드러난다

脫脫脫 베틀은 쉼 없이 돌아가지만
가식과 오만을 벗지 못한 채
헛헛한 욕망만 드르륵거린다
레드카펫 위 임금도 굽실거리는 시종도
재단사가 만들어낸 사기극을 눈치챌 리 없다

침묵이 뱉어내는 요란스런 말들이
묵언수행의 고요를 뭉개버린다
권력으로 치렁거리는 어리석음들
빤히 보고 있어도 눈은 멀고
듣고 있어도 귀는 먹고
새 옷을 기다리는 황제들에게
시원스레 되쏘아줄
진짜 알나리*는 어디에 있는가

* 아이나리의 준말로 아이(나이가 어리거나 몸집이 작은)나리(벼슬아치)를 일컬음.

들으려는 자, 말하려는 자

10:00~24:00
TV 안에서도 바깥에서도
가시를 단 언어들이 날아다닌다
廳, 마음에 두 귀를 달고
聞, 오직 귀를 앞세워 문을 연 곳

들으려는 자 귀는 닫혀있고
말하려는 자 진실은 어디쯤인지
본말은 전도되고 편 가르기에만 급급하다

TV는 종일 토막친 말들로 떠들어댔지만
우리는 정책방향 한 줄 듣지 못했다
거저 줘도 손 가지 않을 피라미들
비린내만 풍기고 있었다

가스라이팅이 따로 있나

옛날 옛적 먼지도 살지 않던 산골 마을
그 나무꾼 정말 착한 남자였을까
그깟 장가 한 번 가보려고
선녀의 옷도 그녀의 삶도 감쪽같이 훔쳐냈는데

호랑이 담배 피우던 시절, 깊은 바닷속 거북인
정말 충성스런 신하였을까
포상에 눈이 멀어 인두겁까지 둘러쓰곤
철부지 토끼 슬금슬금 꾀어냈는데
눈 한 번 떠보겠다며 냅다 딸 팔아먹은 심 아무개
제 딸만 최고라는 팥쥐 엄마

예나 지금이나 동화 속이나 현실이나
대를 이은 개살구들 빈 수레가 범람한다
제 말만 옳다며 벌린 입 다물 생각이 없다
까면 깔수록 두근거리는 화려한 포장 속
위법과 범법은 끝없이 팽팽해지는데

생각 없이 떠다니는 호모사피엔스의 기억
끝내 돌아오지 않을까 아등바등 우리들
이곳저곳 바싹 졸아들고 있는데

텔레비전이 말한다

나는 어쩌다 거실 한복판 명당자릴 선점했을까
목이 쉬어가며 난청을 겪어가며
비싼 자릿세 톡톡히 치르고 있지

수없이 돌아가는 눈알들을 지켜보며
노래도 불렀다가 춤도 췄다가
심심찮게 배추 싸대기도 날려보았지
울다가 웃다가 세상은 아침 저녁 변덕을 부리고
제발 좀 들어달라 아우성만 쳐대는데

날것으로 퍼덕거리는 세상의 소리들
푹푹 곰삭을 만큼 껴안고 어루만지며
기나긴 하루를 눈뜬 채 죽어있었지

더 크게 더 크게 떠들라는 주문은
따끔따끔 가시방석 두툼한 돈값일 텐데
그럴 땐 차라리
쌩쌩 돌아가는 전기라도 기분 좋게 나가주었으면

꼴랑[*1], 딸랑[*2]

고양이 목 방울소리에
생쥐들의 발걸음은 늘 초조하다
살아남아야 뭔가를 이어가지
세상의 드레질에 맞서는 오늘 또한 만만찮다

겨우 이까짓 것 하려고?
기껏 한 게 이거냐며
꼴랑이와 딸랑이가 언죽번죽 뒤집히는 나날들

모자라면 어때 가득은 위험해
짤랑짤랑 쩐 소리에
생쥐들은 아는 척도 모른 척도 못한다

지지리도 못난 꼴랑이와 딸랑이
그 소리를 수없이 들으며
우리들의 어제와 오늘 또 그렇게 살아남는데

1. 덜 찼거나 덜 채운 소리
2. 딸린 것이 단 하나

도무지

얄따란 세 치 혀
뉘라서 가볍다 말할 수 있나
좁다란 입 안에서 연출되는 삶
물 먹인 종잇장 덧대고 덧댄 罪의 무게는
벼랑 끝 시간 앞에 우릴 세우는데

바로 걷고 있다고 곧은길일까
보이지 않는다고 없는 것일까
겉이 거칠다고 속조차 그럴까

곧은 저 江도 조만간 모퉁일 만날 테지
겉도는 저 수면도 가라앉은 삶을 기억할 테지
퍼붓는 한숨에 더 빛날 윤슬의 가치
도무지 이해할 수 없는 맥락의 강

의지 하나로 싹 틔우는 지악한 삶
무엇으로 세상의 무게 저울질할 수 있을까
말 없는 물음표에 다시 던지는 깊은 물음
'도무지'

진정한 모름을 위해

나는 모릅니다
아무것도 몰라요
맹랑한 그 발뺌은
빼려 하면 할수록 조여오는 오랏줄입니다

태어남과 사라짐은
먼지 한 톨이 쓰고 가는 사연일 뿐
알고 모름을 따질 순 없습니다
이 어설픈 경계 위에서 몸집만 키운 허영은
색색의 가을 누릴 줄도 모릅니다

당신이 원하는 것이 뭔가요
당신은 대체 무엇을 알고 있나요

말도 당나귀도 못 되는 주제에
화려한 갈깃짓의 火馬는
생각驛도 고민驛도 쓱 지나쳐 달립니다

너 자신을 알라는 권태로운 주문에
가까스로 던지는 단말마의 답

나는 모릅니다
긍정일까요 부정일까요

알면 알수록 배우면 배울수록 더 모르는
진정한 모름의 경지
이 반비례의 법칙에 조금씩 젖어드는 요즘입니다

인형놀이

떡진 금발에 꼬질꼬질한 분홍빛 얼굴
짝눈의 파란 눈동자와 첫 눈 맞췄던 날
색바랜 옷 밖으로
떨어져 없는 팔 뒤틀어진 다리 너머로
스멀스멀 기어나오는 공포를 만났다
추억이며 위로였던 나의 옛날
동생이며 친구였던 나의 한몸
큰 눈 가득 소망을 담고
더러는 어리석게 껌뻑거리기도 하라며
낮밤없이 업고 품고 키우던 뜨거운 체온을 기억하는지

주름조차 잊은 방부제 몸통은 행여
던져버린 魂들로 곪아가는 건 아닌지
보다 예쁘게 날씬하게 세련되게
찢고 당기고 갈아엎는 환상들
어느 게 진짠지
흔흔히 늙으며 익어갈 꿈들
익지 못하고 떨어지진 않을는지

감히 누가 누구더러 할 수 있는 말일까
"너 참 인형같이 생겼구나"

한 끗 차이

가시오 오시오 서시오 쉬시오
자동차 불빛들 일찌감치 바지런 떨고
다섯 출구 로터리 신호등에 땀방울이 맺힌다

희한하다 이것도 운이라고
어제랑 별반 다를 게 없는 오늘인데
초록 또 초록
깜빡이 한 번 켜지 않고 고고씽

덜컥 빨간불에 붙잡힌다
태화다리 끝 사거리 신호등 앞
붉게 열리는 하늘에 넋이 풀려 날아다닌다
신호등 색 하나에 흔들린 동공
간사함이라 자책하다가
참을 수 없는 가벼움이라 눙쳐버린다

오늘의 새벽은 오늘의 낮과 달랐다
어제의 오늘이 그러했듯 내일의 오늘도 그렇겠지

막히기도 뚫리기도 돌아가기도 하는 길
세상 모두가 초록일 필요는 없다
운수는 한 끗 차일 뿐이다

앤, 그녀와 마주하다

Who are you?
빨간 머리칼에 힘주어
세상의 저주를 되쏘며
오물거리는 입술엔
언제나 웃픈 입맛이 돌았다
빼빼마른 그 애는
별 같은 주근깨 총총 매달고
달리고 달려 눈물을 말렸다

Here I am
침침한 눈을 비비면
뿌연 아침이 저만큼 피어나곤 했다
뿌연 세상 말갛게 말갛게
초 긍정 무장을 하며
하루를 만났다

튀는 것이 이미 무기가 돼버린 세상
깡마른 어깻죽지 곧게 세워
당당해진 널 그려 봐
그러나 핏줄기는 기억해둬
우리 모두 제 삶의 잔 다르크라는 걸

따닥과 타닥

밤도 아침도 아닌 새벽길처럼
갈팡거리는 자동차 위에서
빗방울 난타는 명쾌한 길라잡이가 된다
라디오를 뚫고 나오는 현악 선율은 거칠어져
고요히 눈감아 버리는 이 시간

따닥 따닥 따다닥
빗방울 소리 드세지고
… … …
타닥 타닥 타다닥
불빛 쫓던 나방들 시들어지고

마구 뒤엎어도 뒤엎어져도 좋았던 지난밤
무작정 내달렸던 우리의 시름은
화려함에 딸려온 주검으로 남았다
죽음을 딛고 눈시울을 열어야만 하는 시간

느끼는 것보다 시인하는 것
다름을 주고 받는 이 지독한 명제는
수없이 눈뜨고 감고를 되풀이한다

어느 나르시시트의 生

졸음에 겨운 별들 깜박거린다
대나무 우듬지를 차지한 초승달
살랑거리는 댓잎 소리에 귀를 열고

말간 강물 속을 파고든 하늘은
새벽별과 함께 다시 오겠다며
개구리들의 합창을 꺼버리고 한잠에 들었다

정말
그 깊고 깊은 어둠을 밀었던 것일까
파문도 없는 그 고요를 두드렸던 것일까

허락 없이 문지방을 넘어선 달빛에
화들짝 놀라 돌아보면
거기, 나를 앞질러 달려온 또 다른 나
그래 끝까지 나만 믿고 가야 한다
잠시도 내게서 눈 떼지 않아야 한다
아, 어찌할 수 없는 우리들의 나르시스트여

오가는 삶, 디봇*에 심다

따순 바람은 어느새
버석거리는 잔디 위로 나를 내몬다
진津이 말라버린 그곳에 서본다
푸르렀던 만큼 스산했던 청춘
고스란히 받아낸 발자국 너머
마른풀이 툭툭 목 떨구며 들려주는 이야기들

주문만 있을 뿐
언제나 선택은 내 몫인데
앞서거니 뒤서거니 할 뿐
공 떨어진 자리는 달랐다
쳇바퀴 인생은 애당초 없는 거라며
푹푹 패인 자리 위 서슬 퍼런 바람이
힘껏 하늘을 쳐올린다

봄은 빤히 알고 있다
머지않아 말라비틀어져
삐죽이 내밀리게 된다는 것을
그리고
그 삐죽한 상처는 반드시 둥글어진다는 것을

* 골프 용어. 골프클럽 스윙 때문에 골프장 잔디가 뜯겨서 바닥이 보이는 것

민낯 등신불
- 기막힌 폭력

뜨겁다
아파서 뜨겁고 뜨거워서 아프다
지쳐지고 진저리치고 또 지쳐지고 까무러치고
단 한 번도 원한 적 없었는데
그 특권 어디서 얼마 주고 샀는가

가지지 못한 것이 중죄가 되고
힘 없다는 이유로
나를 통째 내놓아야 하는 세상
차라리 소신공양燒身供養이라면
열반행 기대라도 하지

이왕지사 타들어갈 삶이라면
흐물흐물 녹아내리는 초
그 심지라도 되면 좋겠는데
그나마 밝음이 발목을 잡는구나

옻칠에 금칠에 번들번들 치장이
입 꾹 다문 그 마음 어찌 헤아릴지
아프다 뜨겁다 뜨겁다 아프다
이 무거운 비명은
이 시대의 마알간 민낯 등신불인가

목적어와 외딴섬

갈바람에 마른 잎들이 떠돌면
툭툭거리며 허공이 무너진다

좋은 부모를 만났더라면
공부를 잘했더라면
돈을 좀 더 많이 가졌더라면
구질구질한 목적어 대신
낙엽만 가득한 의자엔 덩그러니 고독이 앉아있다

부모라도 잘 만났더라면
공부라도 잘했더라면
돈이라도 많았더라면
그 '라도'는 어느 구석에 앉아있는 외딴섬인지
차올린 발길질에 돌멩이만 아프다

바스락거리는 변명들의 잔치
그 성대한 잔치의 주인공은 현실 속 나
어쨌든 우리는
과거를 비탄하며 미래를 애도한다
무뎌진 채 옆조차 보지 않은 독 품은 獨走
마음이 생각을 조종하는 것인지
생각에 마음이 매여있는 것인지

울컥海와 다島해

바다 내음 찡하게 번지고
갖가지 파도소리에 나는 멍해지고
울컥과 물컹이 분별없이 일렁인다
담담해서 덤덤해지고
고요를 쏘아대는 적막의 화살이
옥죄던 심장에 닻을 내린다
아, 울컥海

뱉지도
삼키지도
이러지도
저러지도
모두 다 섬이 되어 살아야 해
다島해처럼

제2부

각角의 노래

비상구, 어쩌면 거기

다급할 때만 내 의식을 건드려준다
나는 널 잊고 살지만
너는 언제나 긴장하며 서 있다

태초부터 함께한 혼돈은 어디까지인가
여전히 안에선 밖을
밖에선 안을 가리키고 있는데
비상시에 안팎의 경계가 어디 있다고

가리사니 없는 우린
악악거리며 죽어라 질주해보지만
세상은 이미 비상사태인 것을
훗, 나도 이미 비상사태인 것을

길 잃으면 어떤 것도 소용없지
잘 찾아야지 우린 잘 찾아야지
어쩌면 거기
진정한 비상飛翔이 맞아줄지도 몰라

흔하기도 귀하기도

비가 간다.
어제의 비가 오늘의 비는 아니라 일러주며
또 그렇게 제 갈 길 간다

예술가에겐 낭만, 연인에겐 그리운 존재
'제발'이 '부디'가 되기도 하는
재앙이며 축복인 수만 가지의 이름을 달고 또 간다

같은데 같지 않고 다른데 다르지 않다
사뿐한 흩날림에 시나브로 젖어들다가
사나워진 말발굽에 심장은 잠겨버렸다

달궈졌던 한 철 눅눅한 습기로 떠돌고 말지
몸 불린 뭉텅이구름으로 이곳저곳 노닐고 말지

잘 쓰면 약 되고 잘 못 쓰면 독 되는 단순史
내 마음이 네 마음 되는 마술事
한 방울의 시작도 알 수 없는 세상私

아름다운 선율에 짙은 커피향 더 짙어지고
노릇한 부침개에 비맛 스민 막걸리 한 사발
웃음도 울음도 원점을 만드는 그 장면엔
흔하기도 귀하기도 한 비가 종종 끼어든다

팽팽하다
- 결정론과 자유의지 사이

칠흑 속 태동은 빛 한 줌 쥐여준다
첫 울음부터 시작된 몸살은
천둥처럼 고막을 흔들고
찔러대는 빛살에
망막은 고요히 눈꺼풀을 닫고 싶다

내 작은 손끝에서, 혹은
광활한 바람 속
그 외진 길에 피어난 코스모스여
이곳에서 근원을 물을 필요는 없다
바로 전, 그 전
거꾸로 가는 시간을 붙잡아 맨 것은
쩍 벌린 선택의 아가리 앞에서
여지없이 허물어질 나를 용서하지 못함이다
자유란 이름으로 내딛었던 오랜 걸음들
인과를 들먹이는 칼끝에
얼마나 무자비하게 잘려나갔던가
생각없이 베어 문 사과도 피로 물드는데
라플라스의 악마*여
정녕 너는 살아나 내 발목을 자를 것인가

* '결정론적 세계관'의 이상을 형상화한 전지적 존재의 이미지로 프랑스의 수학자인 라플라스의 이름을 땄음.

다르니까 다른 건데

겨울인지 봄인지 알 수 없는 날
경계 없는 이 자리, 묘연하지만 아늑한데
허섭스레기로 저벅거리는 나의 시가 부끄럽다
길지도 짧지도 않은 숨을 내쉬었을 뿐인데
울림과 떨림으로 한 행 한 행을 쌓았을 뿐인데

겉보다 속이라 했던가
깊어질수록 까발려지는 나의 노래는
앙다문 입술의 연필과 싸우길 반복한다

다르니까 다른 건데 특별함인데
인정이 비교보다 속편한 걸 자꾸만 놓친다
그래도 분명한 단 하나
구질구질한 진물은 꾸들꾸들 제자리를 찾을 것이고
아는 사람은 알 거라는 믿음
다르니까 다름이 세상을 돌리는 힘이라는 것

가만히 서서 여러 곳을 본다
그래서 봄이다

산자도 사자도 아닌

똥밭을 구르면서도 그곳보단 낫다고들 최면을 건다
죽고 싶다 죽고 싶다 입에 달고 사는 빈말들
죽음은 남의 일인데 욕망의 탑은 나날이 높아간다
한땐 살아있는 것들의 목표였지만
어느덧 탑은 모서리만 남아 서 있다

자고 나면 죽죽 늘여져 있는 목숨줄
백 세 천 세 구호 좇아 제 발목만 옭아맨다
불멸이 형벌인 줄 모르고

물리지 않으려면 잽싸게 도망쳐야 한다

살아있는 사자여
죽어버린 산자여
숨결만 거머쥔 좀비는
질긴 본능을 장전한 채 오늘을 사냥한다

아름다운 죽음은 전설일 뿐인가
즐거운 소풍은 갈 수 없는 것인가

타악打樂의 새벽

투둑투둑 촤아~악 챠르르
따닥따닥 따다닥
그날 새벽은 별난 타악으로 흔들렸다
멈추지 않는 기억에 소름이 돋아난다

브라비~ 브라보~
중력에 몸 맡긴 비바람의 콜라보
빗줄기 등에 진 거친 바람의 포효
빤히 보여도 낼 수 없던 길들 여기저기 툭툭 트이고
선잠 깬 귀와 눈 칼군무에 빨려든다

고마해라 제발 고마해라
격정의 두드림은 시간마저 뒤엎는다
보잘것없는 태생들
이토록 가까이서 숨 모아쥐고 귀 열어보니
얼어터진 창도 퉁퉁 부어오른 공기도
그저 꿀꺽 소리만 요란할 뿐

세상을 갖고 놀던 하룻밤 지나간 자리
기억을 지운 물은 결국 아래로 흐르고
구정물 토해낸 하늘은 다시 입매를 다듬고

피사리

정작 붙들고 싶었던 것
제법 오래 터 잡은 선 자리였을까
손가락 한 마디 위, 머나먼 세상
원하지도 원한 적도 없었던 요원한 자리
내쳐버린 고작이었던 것들은
운명을 넘어 숙명이 되어버렸다

점령군 같은 혈맥으로
물 오른 살 속을 잠입해보지만
끝내 합류하지 못 하는
내 선홍의 한 마디는
벗겨진 채 말라가고 있다
어울렁더울렁 살고팠던 이 세상에
행여 면죄부라도 줄는지

각角의 노래

강변로 먼발치 아득한 어스름이
머리 위 물빛 하늘과 박음질을 시작할 때
찬란한 하루를 꿈꾸었던 태양은
솟대로 오른 피뢰침에 핏빛 노을을 토해낸다

아파트 모서리 오도 가도 못하는 열구름

틈을 메워야만 기회를 살 수 있고
이리저리 짜 맞춰도 결국 각뿐인 세상을
둥글고 모 없이 살아야 한다는
오래된 이율배반의 말로 비웃고 있다

효율과 효용,
필요의 시대를 살아내는 네모들
펄떡거리는 심장은 악착같은 애를 쓰며
달아오른 바다 서슬 퍼런 담금질에
각을 지워가던 몽돌의 닳은 삶을 더듬는다

눈동자 머무는 곳마다 불쑥불쑥 들려오던
각들의 애가哀歌에
울컥거렸던 마음들은 서로를 보듬는다

그 결박을 풀고

흙먼지 뒤집어쓴 검은 봉지 하나
바람길 따라 떠돌고 있었다

땅끝보다 더 감감한 땅끝

바다를 부여잡고 바다를 향하던 소망
아픔보다 더 아픈 슬픔, 곁에서 본 연유로
수만 개의 밧줄에 옭아매져 버렸다

갯벌을 드나들던 숨구멍 구멍은
이미 꾸덕꾸덕 갈라진 화석
내쉬어도 들이마셔도 답답하기만 할 뿐
무심한 낙조만 저 홀로 고왔다
허허로워서 더욱 고왔다

이제 팽목彭木을 벗고 진도珍島를 입었으니
세월에 얻은 恨
세월로 벗어야지
무명필 자락에 묶인 사연들
이제 그 결박을 풀고
씻김굿 한 자락에 잠재워야지

肝만세[*]
- 너의 꽃말은 숙취해소

툭 떨어진 눈꺼풀 밑에서
3g의 위로가 속눈썹을 떠받친다

30분 뒤에나 만날 미지의 세상
속수무책 핏줄기는 휘돌아치고
긴장한 호흡은 제 할 일을 놓아버린다
공단옷 차려입은 걸음이
질곡의 창자를 구불구불 누비는 동안
더께 속 요지경 세상을 들치고
엉겅퀴와 어성초가 피어난다
살고 싶은 날은 살아야 한다며
무뎌진 본능이 또 다른 꽃말을 키운다

분별없이 출렁이던 동공은
꽃말 깊숙이 좌표를 찍고
헛헛했던 불안은 다시금 당당해진다
만세다, 肝
肝이 살아야 진정 살아있는 것

* 간기능 개선 및 숙취해소를 돕는 건강기능 식품명

넘쳐서 모자란

A는 B를 사랑한다
B는 C에게 마음이 가고
C는 D를 흠모한다

D는 E에게 끌리고
E는 F에게 시선이 꽂히고
F는 G에게 한결같다

G는 H를 사랑하는데
H는 I를 죽자고 사랑한다는데
I는 대체 누굴 사랑하는 걸까

좁으면 좁은 대로
넓으면 넓은 대로
70억 암수가 얽히고설키다가

J는 K를
아, K도 J를 사랑하네
이 숨 막히는 공통분모 찾기는
어떤 확률계산법으로도 풀지 못하지
풍요 속 빈곤으로 만나는 너와 나

가을날 비손

가을이 천지빛깔로 품어 따라들던 밤
잠들지 못한 숨소리가 문을 열었다
차갑다가 뜨겁다가
널뛰는 세상이치 오죽할까만
이 모두 순리라면 순리일 테지
리모컨을 쥔 채
높낮이가 달라지는 숨결
아슬아슬한 그 속에서 칼잡이의 휴식을 본다
부동이었던 그의 머리가 툭 떨어지고
손끝 마디에 닿은 그의 얼굴에선
하루에 하루를 더한 만 가지 장면이 읽혀진다
이랑 사이로 늘어난 고랑을 따라
축축이 흐르다 넘쳤을 시름들
스물다섯 가을을 거름 삼아
이제 결실을 기다리는 그에게
나는 기꺼이 뜬눈 동무로 나선다
그는 지금 어떤 시절을 꿈꾸고 있는 것일까
푸우푸우 내뿜는 입김 따라
들락날락 시름하고 있는 가을
내일 아침 높푸른 하늘로 깨어나기를

돌이키다, 詩

먼지가 품었을 세상이 궁금했던 소녀에게
나비의 날갯짓 같던 떨림은
아득히 바스라져 버렸습니다
그 옛날
별 하나가 태어났습니다
거대한 태반에 둘러싸인 별들도 보였습니다
소녀는 피톨 잔뜩 묻은 별똥별에 애착이 갔지요
백지 위에 그려지는 역설의 우주는
아찔한 창조의 순간이 되고 맙니다
소녀는 '차라리'를 되뇌며 문을 닫아버립니다
째깍, 우주의 시간을 건너다 필연을 마주한 소녀는
한 길도 되지 않는 우물에서
해묵은 별들을 길어내려 합니다
미끄덩한 탯줄을 벗어버린 별은
긴 시간 돌아온 날갯바람을 타고
검푸른 공단貢緞 위에 알알이 박입니다

하늘 속 가을

가을바람 숭숭 쪽빛 하늘
솜구름은 제 살 풀어 촘촘히 솜을 놓는다
보고도 못 본 척
결 고운 바람의 몸짓으로
이 산 저 산 올올이 가을은 스며든다

푸른들 한바탕 뛰놀던 양떼
날개 깃 한껏 펼친 품 안으로 몰려오고
가을은 하늘로 먼저 온다
그을린 여름 벗어 말갛게 핀 하늘
바삐 지나가는 하루도
아름다움을 알아보는 눈은 살아있지

바르게 살아온 손가락 저 하늘에 쿡 찌르면
쪽색 창호지 사이로 쏟아져나올 말들
이제 온세상 단풍물 들이는 가을비로 오려나

오지 않은 어느 날

"눈 뜨지 마세요. 차갑습니다"
마냥 부드럽지만은 않은 목소리
그녀의 손끝에서 놀아나던 신경들
일제히 쪼그라들어 팽팽하다

눈 뺨 이마
흐느적거리는 고무 팩에 점령당한 얼굴
어둑한 시야에 눈알마저 동작 그만

눈뜨기 싫은 날들이 하루 이틀이었던가
눈뜨고 안 뜨고 한 겹 덮고 안 덮고
이 단순한 차이에 재깍 반응하는
본능이 길들여 놓은 몸
익숙함인지 두려움인지

풀어놓자~ 늘어질 대로 늘어지자~
생각이 많다는 건 놓아버릴 게 많은 거지
한 평 자리
구름장처럼 폭신하게 가볍게 다가온다

아직 오지 않은 어느 날
나를 덮어줄 한 삽의 이불, 한 삽의 축복
소중한 선물처럼 와주시길
마른 봄날 흡족한 단비로 와주시길

결로현상 結露現狀*

나리 나리 개나리
입에 따다 문 병아리는
종종종 어디로 갔을까

개양귀비 안개꽃 흐드러진 이곳
추궁하듯 예쁜 짓을 요구하는 엄마의 말에
아가의 엉덩이가 씰룩 허공을 찌른다
반달눈에 매달리는 웃음들에
총총한 별이 되지 못하고 희미하게 지워진다

기억하니? 아득한 교실 한 구석
목마른 먼지 뒤집어쓰고 헐떡거리던 양은 주전자를
마중물 한 사발이 토해낸 물 마시면
짜부러진 얼굴에 송송 땀방울이 맺혔는데
"아, 그거 결로현상이야"
과학이란 이름으로 짓뭉개진 동심
아롱아롱 순진무구한 이슬방울들
맺지 못하고 부서질까 두렵다

* 수증기를 포함하고 있는 공기가 냉각하여 노점 이하가 되었을 때 수증기가
  액화하여 이슬이 맺히는 것을 말함

定義할 수 없는

베일 속 꿈꾸는 수녀의 사랑이 그랬을까
넘을 수 없는 사람을 넘어선 도발
훤히 드러냈지만 아무도 눈치챌 수 없었으니까

파고 팔수록 간단치 않아, 머리가 쪼개질 것 같아
직무유기를 위해 태어난 사전인지
한 단어의 풀이가 한 권과 맞먹는다는 게 어이없어
죽을 고비 고비 면죄부가 살려내는 불사조였다가
숱한 배신에 쫓기는 은둔형 외톨이였다가
싱싱함을 노려 그늘도 마다치 않는 염치없는 이름
수많았다가 수없었다가
도무지 정의할 수 없는 '0'이라는 이름

따가운 태양의 눈초리에 말라붙은 꽃잎들
시들한 핏줄이 각진 골격을 겨우 먹여 살리고
쥐어짤수록 가라앉는 기억의 주소는 한 곳만을 맴돌게 해
크고 작음의 허울도 이도 저도 미지근함도 아닌
구멍 나 아릿한 가슴 미장질로 메워지는
그저 그런 찹쌀풀이면 난 좋겠는데

세대가 바뀌고 시대가 바뀌어도 멈출 수 없는 질문 하나
도대체 뭘까, 사랑은?

제3부

술꾼 도시 여자들과 건배

약

밥은 보약 小食은 수명 연장약이라는데
한 술에 배부르지 않는 널 어찌하리
여전히 건재하다며 아침저녁을 여닫는 혈관門
저 아니면 못 살 거란 최면을 걸어댄다
아는 게 병, 차라리 몰랐으면 좋았지

'반드시'

참고 살면 '반드시' 좋은 일 생긴다

죽지 말고 살아보자는 간지러운 회유가
공중화장실 문마다 붙어 끈적거린다
'반드시'
희망이란 허울을 둘러쓴 절망의 세 글자
가늠할 수 없는 무게가 명치를 누른다
바람인지 주먹다짐인지
압박도 했다가 배신도 했다가
조이다 풀리다 반복되는 담금질을
믿어야 할지 떨쳐야 할지

기대하지 않은 곳에서 건듯건듯 풀리는 게 삶인데
'반드시'라 말할 수 있을까
꼭 기필코 틀림없다는 포장이
문 위 스티커처럼 반듯함을 보장할 수 있을까
기왕 '반드시'로 만들어낼 소명이라면
누군가의 삶에 귀한 언어로 쓰이기를

生 하나

먹곤 살아야 한다
이 단순한 명제로 울컥해진 날
쓸모없이 내팽개쳐진 넌
왜, 그럼에도 불구하고, 란 반론으로 내게 왔다

아무도 찾지 않고 누구도 부르지 않았던
멀쩡한 이름조차 뭉개져 버린 하찮은 삶
악착같이 살아야 한다는 소리없는 발버둥이
아슬아슬한 오늘을 살려냈다

죽으라고 뽑아대도
죽어라고 살아나는

햇빛냄새 나는 땅 게걸스럽게 찾아내어
발부리를 부여잡고 그악스레 여물어가는 넌
들숨 깊었던 날숨으로 무수히 피어오른다

어느 촌집 담벼락 모퉁이
촘촘히 달라붙은 아우성
눈 깊은 화가의 붓끝에서나마
부디 귀한 이름으로 환생하기를

변기여, 카타르시스여

난세를 돌고돌다
나를 잃어버리는 시간 더러 있지
눈물 콧물에 괴성도 섞어 쏟아내며
무거웠던 하루를 토해내곤 하지
냉랭한 당신을 끌어안고
소화 안 되는 일상 후련히 변통하기도 하지

볼 것 안 볼 것 못 볼 것
수많은 이들의 미주알고주알 푸념들
겨우 엉덩짝 하나 얹힐 가슴으로
숱한 똥내 받아내고는
차르르 물소리로 카타르시스를 몰고 오지

바깥바람 어지럽던 어느 새벽
우연히 만난 명경지수
찰방찰방 별들이 떠다녔지
그곳에 이지러진 채 빨려드는 날 건져내고
왝왝거리는 고달픈 시간 속에서
당신은 온기로 데워지고 있었지

우리들의 방심에게 · 1

꽉 찼던 도시가
텅 비어 흐물거린다
탱탱했던 바람도 구름도
세상과 함께 감염이 되었는지 축 늘어졌다
반질반질 잘 닦인 시멘트 바닥은
오갔을 발자국들을 되쏘며
비명을 질러댄다
오그라드는 등골 속에서 숨죽이는 말들
꼼지락꼼지락 사방을 살핀다
멈춰버린 우리네 심장들
언제쯤 다시 필 수 있을까
독한 소독약 냄새에 숨어
재앙을 잉태했을 우리들의 방심
되풀이되는 공포로 다시 태어날지도 모르는데
스멀스멀 악의 꽃 틔울지도 모르는데

우리들의 방심에게 · 2

다발의 돈, 덩치가 클수록
퀴퀴한 냄새는 심했다
살이 오를수록
쇠해가는 이 땅의 부富
퇴폐의 끝을 노리는 눈초리
곳곳에 번득인다

꼼지락꼼지락 눈치보며
등골 속을 파고들었던 것들
눈부신 악의 꽃을 틔워
우리들의 눈을 감겨버렸다
흐물거리는 바람에 졸아든 심장은
주파수를 잃고 헤매고 있다

꽃천지 세상에 꽃은 없고
악의 꽃만 드센 눈발로 찌르는데
떨어진 자리마다 유혹의 싹 여전하다
어설픈 방패는 되레 덫이 되어
소독약만 믿고 사는 일상들
언제쯤 하얀 마스크 밟고 일어설 것인지

마약 권하는 사회

모처럼 한기 떨친 11월의 아침
살짝 넘어선 창틀 아래로 동살이 자릴 튼다
환하니까 환하잖아 기대로 누른 버튼 속엔
낯짝 두꺼운 뉴스
서 푼짜리 희망들 싹둑싹둑 잘라내고 있다

해맑은 얼굴은 이미 빛을 잃었고
깍듯한 90도 인사조차 불량스럽다
대중을 사로잡던 스타, 스스로 타락한 자리
주삿바늘에 찔려 넋 잃은 TV는 미친 춤을 추고
덩달아 울렁울렁 세상도 나도 심상치 않은데

이런, 어제 일도 내가 누군지도 생각나질 않아
모든 것이 몽롱해, 움직일 수도 멈출 수도 없어
제발 숨을 쉬어 숨을 쉬라고
당신 이런 사람 아니잖아

절대 하면 안 돼!
단 한 번도 있을 수 없어!
내 일 아니라는 흔해빠진 메아리에
제발 사람시늉이라도 하라며
쓸데없이 바지런한 뉴스만 핏대를 세울 뿐

미궁, 그 안과 밖

백색가루 흩날리는 그곳
죽은 채 다시 죽는 줄도 모르고
풀숲 어느 자리 숫사마귀 되어가는 어둑한 몸꽃들

관계란 늪은 빤히 보이는 지옥
구미 당기는 호기심은 늘 덫을 놓지
구멍 뚫린 나뭇잎엔 굴러다니는 낭만이라도 있는데
탐닉에 갉아먹힌 뇌는 미궁 속만 헤매지

황홀경이라 착각한 교성은
빛 아래 당당했던 그림자를 무너뜨리고
끈적하고 집요한 백색 헛웃음은
목마른 몇으로 한 번만 딱 한 번만을 외친다

소소한 행복으로 촉촉했던 눈가도
들킬 듯 말 듯 설렜던 사랑도
미로 속에 갇혀 출구를 잃었네

오~ 아리아드네의 실타래여
나약한 저 몸뚱어리를 위해
한 올 한 올 밝은 눈으로 풀어지기를

술꾼 도시 여자들[*]과 건배

"적시자"
허공을 갈라놓는 술잔소리 경쾌하다
서른 동갑내기 세 가시나가 풀어내는
기起-승承-전轉-주酒

기뻐서 슬퍼서 외로워서 마시는
별일 아닌 이유를 별일로 삼아
할 일 없는 날을 할 일로 잡아 치르는 의식
구불구불 넘어가는 인생길
술술 넘어가는 후련한 이야기가 넘쳐난다

저들은 그저 흔들리는 청춘이 아니다
염려 아닌 불신, 공감 아닌 편견, 배려 아닌 차별을
술잔마다 악착스레 매달고 밤새 들이켜야 하는 눈물이다
푸석 푸석 까칠거렸던 하루를 달래고
전쟁 같은 삶을 평정하는 젊음의 시간
찰랑거리는 잔에서 피어나는 열꽃
늦가을 속으로 헤엄쳐 차가운 맘 녹이기를
툭툭 떨어진 이파리들 다디단 소망으로 적셔내기를
자, '술꾼 도시 여자들'과 건배!

* 2023년 TVING에서 방송되었던 오리지널 드라마로 술이 인생의 위로인 세 여자 이야기를 그린 드라마

핼러윈 글루미

미끄덩 삐거덕 한순간이다
늙은호박의 달뜬 웃음은
사탕을 원하는 영혼들 용케도 홀려냈다

어느덧 전류가 끊어진 몸뚱이
멀뚱한 두 눈으로 손쓸 수 없는 생지옥
천 길 아래로 가라앉을 절규에도
식는 법을 잊은 환호는 끝 간데없이 달궈져
이태원은 그렇게 선 채로 의식을 잃었다

누르고 깔리고
삶의 무게가 이토록 무거웠던가
보태고 보태어진 뜨거운 소명
4분의 장벽은 넘지 못했다

재난보다 더 무서운 건 인간의 조롱이다
주검으로 스스로 핼러윈이 된 청춘들에게
더 이상의 아픔은 주지 말아야지
살아서 죽어서 겪어야 할 억누름이라면
훌훌 벗고 불꽃으로 피어나야지

미용실 촉감

점령군, 머리칼을 헤집는다
날 선 손끝이 깨우는 신경들
포트폴리오라도 점치는 걸까
낯선 이 바람
퉁퉁 불은 그의 손금 갈앉히기를

이승 끝자락 꽃

햇살 음전히 내려앉는 겨울 마당에
이모같은 형님같은 엄마같은
세 할머니 수다가 따사롭다
구석진 틈새를 찾아내는 햇살의 마력
숨었던 숭어리 꽃들 자태를 드러낸다

누가 겁 없이 그 이름을 붙였는가
꺾으면 꺾을수록
숨으면 숨을수록
겹겹이 피어나는 박절한 꽃, 저승꽃

꽃길을 걷고 싶다던 열여섯 순이도
꽃길만 걷자던 손가락 약속도
터벅터벅 무심히 밟으며 갔을 길
하나 둘 셋
가까스로 백에 다가서는 야속한 기다림은
그저 자는 듯이~ 그저 자는 잠에~
단 하나의 소원을 낳는다

척박한 肉土 더듬으며
모질게 걸음 떼는 너의 꽃말은
부디 화사한 유언으로 남았으면 좋겠다
노란 프리지어 향 천지로 품은
새로운 시작으로 피었으면 좋겠다

벌교에서 꼬막을 읽다

비릿한 태백의 바람이 툭 터져 나온다
쫄깃한 속살 틈새로
빨치산 군홧소리 들려오고
목구멍 굽이굽이 역사가 파도친다
맛깔스런 호사를 누리는 시간 저 너머
캐고 씻고 해감하고 삶고 까고
수많은 손놀림만큼이나 장황한 이야기들
벌교 꼬막 한 알 한 알엔
『태백산맥』열 권이 고스란히 들어있다

커피 생각

그렁그렁한 눈들을 담기 위해 왔을까
악마처럼 검지만 천사처럼 순수하다는 누군가의 말
난 달다란 그 말에 자주 빠져든다
오감으로 굴레를 덧씌우는 저 못된 매력
한밤을 깨우는 저 스멀스멀한 손짓

톡!

톡, 조그맣게라도 웃어봐
톡, 바람이라도 건드려봐
톡, 하고 봄 봉오리 터져 나오게

톡, 무슨 말이라도 해봐
톡, 쏘기라도 해봐
톡, 침묵하는 세상 그렇게라도 깨워봐

덫

들어가려는 욕망을 앞세워

나오려는 몸부림이 발뺌을 한다

깊숙이 더 깊숙이 내딛을수록

출구는 아스라이 멀어진다

들어갔다 나왔다

제자리를 찾는 일이

내겐 가장 큰 덫이다

마른 목소리들

살아있는 것들은
천 갈래 만 갈래로 쩍쩍 비명을 질러댄다
말라 비틀어진 것들의 신음 틈에서
시답지 않은 감기에 축축해진 내 몸은
혼자 물 먹은 게 못내 미안스러워
꾸들꾸들 어느 덕장의 피데기가 되어간다

제4부

수많은 오늘들

꿰며 꿰어지며

빗낱 늘어지는 장마, 덕장이 따로 없다
젖었던 마음들 꾸덕꾸덕 말라가는 날
주인 없는 방 옷장 안은 쿰쿰한 냄새가 주인이다
간밤 햇살 갖고 노는 꿈이라도 꾼 게지
뜻밖에 열린 문틈으로 묵은 한숨들 쏟아진다

엄마가 사줘서 5년을 입었다던 딸의 똥색 비스름한 점퍼
바래어진 기억 새 옷인 양 즐겨 입었다
낡아버린 기억력이 슬프지만은 않은 건
낡음의 다른 말이 참신함인 걸 알았기 때문

헌님이 새님 되고 새님이 헌님 되는 쳇바퀴 삶
상처는 언제나 사람에게서 비롯되는 걸 알면서도
새님 앞에 서면 또다시 콩닥인다

우주의 시간으로 만난 우리
늙음과 젊음은 애당초 의미를 잃었고
저마다의 사연 엉망으로 뒤섞인들 무엇이 문제일까
진실한 뫔*으로 꿰어가는 서로라면
어둠을 찬미하는 들숨들
기어코 별빛 찾아내고 말 테니

* 몸과 맘의 합성어로 이자영시인 제8시집 표제, 『뫔 닿는 어디쯤』에서 따옴

온전한 주류를 꿈꾼다

즐거움만 가장하는 세상은 슬프고 아려
습자지 위에 한 자 한 자 베껴 쓰는 삶
일어서는 일보다 주저앉을 일 더 많아
주류를 자처하지만 가끔은 비주류

오늘 술 한 잔 어때
말간 술잔 타고 뽀글뽀글 올라오는 火덩이
끄억 후련한 트림으로 내뱉는다

위로면 어떻고 함정이면 어때
오늘 걸판지게 한 잔 하고 내일 모르쇠 되더라도
남은 잔 탈탈 털어 마시는
때때로 난 주류

얄팍한 세상 강퍅해져야 건널 수 있어
싸늘한 세상 활활 타야 넘을 수 있어
주류와 비주류, 한 끗 차이의 헐렁한 경계

다시 신데렐라를 쓰다

알람이 운다
그동안 애썼다고 토닥 토닥 알람이 운다
다시 여자를 시작하는 여자는
힘을 다해 매일 밤 캡슐을 뜯는다

22시의 마법
핏줄기 뜨끈해지면 피할 수 없는 덫
끝난 여자를 다시 살리는 일, 이처럼 쉬운가
징그러운 쥐 몇 마리도 늙은호박도 필요 없다
유리구두가 있다 해도 잃을 일 없다
자정을 알리는 시계 소리에 느긋할 수 있어 더더욱 좋다
다만 스스로 낯설어 맹숭맹숭할 뿐

알람이 운다
이래저래 살아낸 삶이 더듬더듬 새벽을 깨우고
바스락거리는 위로가 아침을 연다
세상을 울리는 종소리에
각기 다른 신데렐라가 되어
전에 없던 기억처럼 동화를 쓴다
마법 같은 세상이다
부유한 거지 같은

오랜 봄으로

아지랑이도 말려버리는 따가운 봄날
친구와 찾은 고향마을은
식지 않은 체온 모락모락 그대로다

바람이 열어놓은 꽃길에 눈길 발길 둥둥 떠다니고
봄풀들이 짜놓은 초록카펫 위엔
드러누운 봄향이 어지럽다

부러우면 지는 건데
오스카*에서 잃은 유명세 여기서도 그런 건지
레드카펫은 화려한 1패를 더했다

샛별 띄운 물 한 사발 앞에 무릎 꿇고
마른손 비비고 비벼댔던 엄마
나 잘나서 잘 큰 게 아니었단 찔끔거리던 친구의 고백이
알딸딸 취한 달빛만큼 빛이 났다

쑥 달래 머위 부추 쌉싸름한 봄맛처럼
싫다 싫다 하면서도 저절로 찾아갈 고향의 맛으로
하루 하루 쓴맛 익혀가는 우리

고향이 되어가는 친구들
부디 오랜 봄으로 남아주기를

* 매년 미국에서 개최되는 영화예술과학아카데미상으로 배우들을 레드
  카펫으로 맞았으나 2023년은 베이지 카펫으로 달리함

아슴거리다가 찍혔다

고향이라 하니 고향인가
기억도 추억도 없는 옛날 짜고 또 짜내서
아버지 손 부여잡고 나들이 간다

딸내미 목청이 와 이리 크노
세상도 놀라 귀 열던 날
그날의 햇살 오늘만큼 풍요했을까

욱신거렸던 배꼽자리엔 잡풀만 무성한데
구석구석 돌아보고 또 돌아보며
엄마 손 부여잡고 쉼표 몇 개 찍는다

긴 목을 뺀 접시꽃이 말을 건다
우리 만난 적 있었던가요
흔해빠진 접시꽃에 제대로 묶인 심장이
한 발짝도 못 뗀 채 동동거린다

핏줄로 얽힌 기억 한 점 이리 설렐 줄이야
멀어지는 내 탯자리 이리 섦을 줄이야
버스 빈자리마다 되찾은 나를 싣고 오는 길
휴게소 어묵꼬치가 이렇게 맛날 줄이야

돌담을 읽다

새벽은 피로와 함께 오래 뒤척였다
눈꺼풀 끝 나날의 무게
처마 끝 풍경소리에 깃털로 나부낀다
깊숙한 커피향으로 아침이 빠져들 즈음
하늘과 풀꽃천지 마당도 꺼먹으로 물들었다

천 년의 石花로 단장하고서
한 뼘 천지 세상으로 발돋움하는
품 넓은 가슴 하나 만난다

내 것이면 어떻고
네 것이면 어떠랴
뜨거웠을 지난날 냉랭히 감추며
경계境界의 눈짓으로 한 층 한 층 올라서고 있다
천 년 전 품었던 어둠
구멍 숭숭 틈새마다 빛으로 새겨
무너지지 않을 경계警戒로 서 있다

세상의 손목들

툭 불거진 뼈 찌그러진 허리
원적외선 시뻘건 불빛 아래서 흐느적거린다
정육점 냉장고 속 말라비틀어진 짐승의 부위처럼
그 힘 닿지 않으면 꼼짝도 못할 것들
그 길목 통하지 않으면 빠져나갈 수 없는 것들
목도 아닌데 목이라 붙여놓곤
이 길목 저 길목을 지키게 한다
틀어지고 꺾이는 나뭇가지 소리 요란하다
가끔 번쩍이는 팔찌를 선심쓰며 감아주지만
그건 죄 없는 손모가지에 채워진 수갑
세상을 잘 이어가라는
무언의 긴고아인 걸 알고 말았지

그러므로 더 사랑하라

장독대 한 쪽 샛별 띄운 정화수 한 사발
쪽머리 정갈한 그녀가 꿈꾸던 바람은
하마 하늘을 적셨을까

홀로 앉은 산사 내밀히 피어오르는 향불
향 끝 타고 하늘거리던 기도는
지금쯤 그곳에 닿았을까

악착같은 집착으로 살아가는 시간들
미련한 마음으로 부여잡는 오늘
놓아버려라 놓아버려라
끝나지 않는 원한은 날 향했던 것
이 세상에 원수는 나밖에 없다는 것

그러므로 더 사랑하라
쉬 놓지 못하는 무지렁이 자아를
끝나지 않은 그녀의 기도를

아지랑이 봄 봄

쉿, 봄이라고 무턱대고 말하지 말아요
꽃샘바람 나들기 시작하면
툭툭 터질 망울 사이로 꽃향기 서러울 텐데

봄이라고 무턱대고 나부대지 말아요
달싹거리는 입술은 잠시만
치맛자락 젖히며 엉큼한 봄 슬금 기어들 텐데

봄이어서 아롱아롱 봄이니까 그렁그렁
아지랑이 아롱아롱 곁에 가면 그렁그렁
산다는 건 착각 키우는 신기루 여행

다시 또 봄인데
점순이* 키는 영 자랄 생각이 없는 건지
섧은 눈물 저 혼자 마당 한구석 적시는데
우리 점순이 이번엔 꼭 내 편 돼야 하는데

* 김유정의 단편 소설 '봄 봄'에 나오는 인물

내일, 손금을 헤치듯

엄마의 자궁은 참 따뜻했었어
잔잔한 일렁임도 바다처럼 평화로웠지
두근대던 심장 소리가 키우는
세상의 어린 심장들 콩닥거렸지

힘들 줄 몰랐지 그땐 그곳에선 몰랐지
길고도 짧았던 열 달 아득한 時空 속
손금을 헤치며 저어 갈 자궁 밖 세상 손꼽았지

영영 조막손이었다면 아무것도 몰랐더라면
한 줄, 또 한 줄 쓰리게 새기진 않았을 텐데
그저 훤하디훤한 손바닥 안인 줄만 알았지

멈추지 말아야지
구불구불 닳고 닳은 길이라도 가야지
한 줄 한 줄 새로운 내일 새기며
저마다의 낮은 목소리 선명한 손금으로 남겨야지

선물, 마음이며 껍데기인

주거니 받거니 신명나던 시절
서랍 속에서 무심한 세월을 증명하는 손길들 왁자하다
부서져 버릴 것 같은 기억들 툭툭 건드려본다
추억은 금방 불쏘시개 되어 잉걸불로 타오른다

마음이며 껍데기인 널 뭐라 할 수 있을까
알 듯 모를 듯한 마법에 빠진 세상은 특별해졌고
숱한 텔레파시에 움찔대던 심장은
날마다 두근두근 끝없이 뛰었지

그날의 기억들
황금빛 포장지에 붉은리본 곱게 매
바람의 주소로 띄워 보내니
부디 시들지 않은 옛마음으로 풀어보시길

뒷간 추억

　파란종이 줄까 빨간종이 줄까 전설 속 재래식 뒷간은 밤낮의 얼굴이 달랐다 낮이니까 근심이라도 풀어내지 초저녁 어스름이 내릴 때면 바닥에 들러붙은 발은 제자리를 동동거리고 차오르는 다급함은 배배 꼬여만 갔다 어둑한 뒷간, 눈은 왜 아래로만 향하던지 눈길을 막아서던 마음은 번번이 지고 시커먼 아가리를 벌린 구덩이에선 허연 손이 쑥 올라올 것 같아 거칠게 요동치던 심장은 늘 쫄깃거렸다

　두루마리 휴지 물티슈 화장지가 입도 닦고 뒤도 닦는 극강의 쓸모로 오던 날 빨간종이 파란종이 비비고 비벼댔던 신문지는 뒷간 귀신과 함께 쥐도 새도 없이 사라졌다 수세식 화장실 물 내리는 소리가 여기저기 요란하다 드르륵드르륵 끝도 없이 풀려나는 휴지처럼 한 번씩 재래식 뒷간의 추억이 끝없이 풀렸다 감겼다를 반복하는 칠흑 같은 여름날 밤

소금을 닮으려

숨을 불어넣었어, 한가득
죽었던 고무풍선은 팽팽한 달로 떠오르고
손가락 틈새를 나들던 공기
한껏 몸집을 키워 고백을 하지
나 여기 있어, 여기

동살 쏟아지는 바다에 발을 담갔어
젖어들던 빛은 솔래솔래 사라지고
매끈했던 다리엔 그림자만 까슬까슬 남았지
땡볕 아래 훤히 드러난 진실은
거짓 없는 짠맛일 뿐

태초의 물맛도 대양의 비릿함도
넘침도 모자람도 봐줄 수 없는 우리의 농도
뿜어내는 눈물맛이 다 다르다 해도
변하면 안 되는 삶
죽어가면서도 살려내야 하는 삶

원한 적도 원할 수도

"아가야, 길이 아니면 가지를 말아라"
"조그만 발 닿는 곳 어디라도 기쁨이 피어났음 좋겠구나"
세상에 큰 쓰임이 되라는
둥글둥글 어진 삶을 살라는
무게 있는 바람과 때깔 좋은 요구들
쓰고 지우고 또다시 쓰며
오늘도 앙가슴 깊숙이
크고 작은 돌멩이를 쌓습니다
염원이 굴레가 되어버린
원한 적도 원할 수도 없이
주어졌던 껍데기로 나를 세우는 작업
그 요원함이 우리의 전부였습니다

우리, 평생의 그림자로
그리움에 절어 사는 운명이라면
차오른 달빛 끝웃음 한 조각과
복주머니 속 잘 익은 맘 한 줌
천리향 만리향 숨결마다 우표 슬몃 붙여
후미진 그늘 어디라도 띄워야지요
뜯어진 상처 한 땀 한 땀 잘 꿰어
이음새 없는 바다 위를 또각또각 걸어야지요

신드롬 세상 속

노을빛 머금은 목화솜
점점이 하늘을 흐릅니다
시선 끝에 걸린 새장
일몰 속에서 흔들리는 시간 뒤로
흙 묻힌 오늘을 털어냅니다

짙은 저녁 커피 속
피터팬 베르테르 카산드라가 녹아들고
수많은 아픔들
퍼지는 향 위로 헛되이 맴돕니다

자정으로 드는 길
구정물로 뒤범벅된 세상과
축축하게 스며드는 나의 연민은
새로운 타협을 시작합니다
예측할 수 없는 시간들
희끄무레해지는 새장 너머로
파랑새의 빨개진 눈빛만이 가물거립니다

수많은 오늘들
-달력

세상을 휘젓고 다닌다
텅 빈 사각 프레임
날마다 다른 수많은 오늘들
빨간날 그리며 손가락 접어갈 때
무심한 숫자 뒤로 사연들 파고든다

크나큰 월급봉투의 설렘
사업가의 두터운 두려움이 되고
빨간 동그라미의 기쁨에서
검은 리본의 슬픔이 되어버린

우리들의 이야긴 묻어버려야지
무책임한 뫼비우스의 띠에 올라앉아
긴긴 여행이나 해야지

머지않은 그날
희멀건 달력 붉게 칠갑하며 다가오면
한 올의 머리털도 한끝의 옷자락도
남김없이 내줄 텐데
들키지 마라 그때까진 안돼
할 말 많은 달력은 말수를 줄이고
다시 담장을 넘는다, 덤덤히

실향민이 되다

닦다 만 유리창 속 세상 억지스레 눈뜰 무렵
터벅거리는 발자국은 늙은 갈대들의 뒤를 밟는다

북적였던 이곳엔 지금 아무도 없다
모두 다 제 고향 찾아 나선 걸까

펄떡거리며 뛰어오른 물고기에 쪼그라든 동공은
탈탈거리는 영사기 위 뿌연 먼지를 털어냈다
고무신 복주머니 색동저고리
낡은 필름 조각은 망막을 쉼 없이 흔들어대고
앞뒤를 다투던 도 개 걸 윷 모의 외침
귓바퀴 뒤로 몰래 사라지더니
뜨끈한 염통 한자리 비집고선 능청스레 똬리를 튼다

어디서 왔을까
어디로 가는 걸까

태화루 아래를 휘돌던 물길도 쉬어가고
뭍에 오른 오리떼도 저리 다정한데
징검다리 가운데서 방향을 잃은 나는
빈 정원 위를 허둥거리는 바람만 그저 쫓아갈 뿐

제5부

마음大路 그리고 自然스럽게

직사각형의 노래

   180cm 얄팍한 요가매트는 가늠할 수 없는 하루의 무게를 펼친다 빠드득거리는 신음들 줄선 동살에 뒤섞이고 긴장을 풀지 못하는 근육을 휘저어 기억 하나 쫓아온다 한밤을 채우던 비바람이 잦아들고 사력을 다하던 천둥 또한 숨죽였던 1994년 11월 그날 순백의 시트를 적셔낸 선홍의 피, 등허리 아래로 숨어들 때 더께 더께 누런 태지로 온 너는 220cm 대지에 첫 호흡을 심었다 기쁨만큼 뒤틀린 뼈, 분절마다 새겨진 둘만의 역사, 빛으로 덧칠하던 그날 모든 것의 시작이었다

   진자리 마른자리 고르고 고를 일 남았다 내내 모른 척 할 수 없을 198cm 안식의 자리 한갓되이 흩어질 시간 한갓되이 뿌려질 아집, 닫혀질 하늘 위 공극마다 꿈틀거리는 나무 향 차오르면 정직한 직사각형의 노래는 또다시 시작될 테지

사랑海

난파된 말들이 떠나간 무덤 위로
낡고 닳은 전설이 싹트고 있다

아이가 눈이 오길 바라듯이
비는 언제나 너를 그리워하네
철썩이는 노래가 새삼 눈물겹다
사랑해 사랑해 사랑해
여운으로 감도는 꼬리말은 되새길수록 난해하고
부활을 꿈꾸던 순수는 메아리로 돌고 돈다

눈물보다 짜지 않으면 다다를 수 없는 바다
뭉그러진 상처 위 새살 돋은 핏빛 산호들
청맹과니의 言魚, 깊게 박인 닻 주변을 배회하고
물거품으로 피어날 어느 날이 걸어오고

血, 전류보다 뜨거운

"언니야 거기 내 전화기 좀~"
언니를 부리는 동생 말에
슬쩍 흘겼던 눈이 전화기를 집어든다
딸깍, 순간 풀어진 자물쇠
몇 번을 반복해봐도 어김없이 열린다
본인이 아니면 열리지 않는 아주 스마트한 폰
주인이 아닌 언니의 얼굴에 반응을 하다니
천하에 스마트한 스마트폰
자매의 핏줄에 감쪽같이 속아 넘어갔다
기계조차 알아보는 핏줄
피는 전류보다 뜨거웠다

이사는 진행 중

흔하디흔한 풍경이었다
바삐 돌았던 톱니바퀴들 쉼표 찍고 넘어가는 날
용달차도 싸구려 일꾼도 허리펴지 못했다
십 원짜리 백 원짜리 동전들
장롱 밑 미라가 된 바퀴벌레들
툭툭 누웠던 자리 털고 일어나는 날
모노륨 장판과 이별을 고하는 시멘트 바닥 위로
꽃 피웠던 마른 곰팡이
퀴퀴한 위로를 건네던 날
이 귀신 저 귀신 따돌리며
오롯한 행복만을 기원했던 그날
그깟 몇 푼 아끼려
남편과 난 작은 수레를 몇 번이나 끌었는지
이고 지고 날랐던 시절
나르고 끌었던 것이 이삿짐뿐이었을까
얼마나 많은 것을 던지고 버렸으며
얼마나 많은 것을 다짐하고 바랐을까
말갛게 씻은 채 기다리던 새집도
새로 뜨는 해를 품고 있었을 테지

버리고 주워담고 또 버리고
돌아보고 내다보고 또 돌아보고
나의 이사는 지금도 진행 중

'때'도 추억이 된다

에이, 한 달이 왜 이리 빠르노
붙들린 손목 질질 끌려가는 길
엄만 정말 힘이 세
언제나 장렬하게 연길 뱉어내는 저 굴뚝
행여 같은 반 친구라도 만날까 내 고갠 뚝뚝

텁텁한 공기에
안개 속도 아니고 구름 속도 아닌 신기루 같던 곳
땟국물 출렁이던 큰 탕은 언제나 만원인 채
빼꼼한 곳 없던 바글바글 목욕탕 안

찰싹 등짝 한 대
똑바로 누워~ 느그 집 국숫집이가
찰싹 엉덩짝 또 한 대
왜 그랬어~ 사이좋게 지내라니까
빨갛고 노란 이태리타월이 지나간 자리마다
착하게 열심히 살라는 말 새겨지곤 했지

송구영신, 묵은 때 묻힌 때 살피는 때
희뿌연 탕 속 날카롭게 뚫었던
엄마의 매운 손이 몹시도 그리운 날

허락된 가출

"잘 도착했어요"
남편의 메시지에 시선을 꽂습니다

친구가 바람 잡아 떠난 남자들만의 여행
가도 그만 안 가도 그만이라던 그에게
가라고 꼭 가라고 등을 떠밀었지요

목적 없이 가족 없이 떠나는 여행이 낯설어
여행 전부터 눈짓도 몸짓도 어색했던 그에게
"여긴 신경 딱 끄고"
짧은 답신을 보냅니다

아들로 남편으로 아빠로 살면서
어떤 고비에도 무릎 굽히지 않았던 사람
허락된 그의 가출이 우리가 응원하는 쉼표였으면

딩동~
하늘 넘어 사진 몇 장이 날아옵니다
웃음기 없는 그의 얼굴에 웃음이 납니다.
"좀 웃고 찍지"

"마누라가 없어서"
무딘 내 심장이 파르르 물결쳐옵니다

이제 내 남편,
허락된 가출을 끝내고 돌아오고 있습니다

바람의 색깔

천지사방 연두로 물들던 날
딸의 연하디연한 손을 잡고 강변을 걷는다
어른도 아이도 아닌 스물여덟의 너
내게 변하지 않는 그 이름, 너는 늘 내 아기

조몰락조몰락 젖어드는 손들의 대화
아무도 끼어들지 말라며
재빨리 한 땀을 훔쳐내고 또 몰래
오른발 왼발 오른발 왼발
들러리를 자처한 바람은 아다지오로 박자를 맞추고
엇박자라도 괜찮아
바람이 끄는 대로 우린 그저 살랑거리기만 하면 돼

쏴아 쏴아, 댓잎의 흐느낌일까 바람의 노래일까
펄럭펄럭, 현수막의 비명일까 바람의 노래일까
엄마의 질문이 잠시 쉬어가라는 것임을 넌 알는지
강변 뜨락을 비집고 주홍빛 몰려올 즈음
딸의 볼에 고이는 바람의 색깔을 보았다
밝고 싱싱해서 좀처럼 구겨지지 않을

마음大路 그리고 自然스럽게

신작로와 촌길을 걷고 거닐었다
밟고 밟혔다 수많은 꽃길과 가시밭길
한 줌 안에 무한대로가 펼쳐져 있었다
가벼웠다가 무거웠다가
뜨거웠다가 차가웠다가
여러 겹의 따리를 틀고
반전의 꿈을 낼름거리는 독사의 혀가 살고 있었다
그곳 '마음대로'엔

스스로 그러했다
순서없이 마음대로 솟아오른 산과 바다는
생명보다 앞서는 위대함과 나약함을 낳았던 것

'자연스럽게'
누가 이따위 작위적인 말로 꼬드기는가
누가 이따위 말랑말랑한 말로 찔러대는가
두 겹의 언어는
마음대로 달리는 나를 매 순간 붙들어세운다
놀랍게도 완전 자연스럽게

밤을 깨우다

꼬질꼬질한 주름의 늙은 운동화
꾸덕꾸덕 들러붙은 이야기가 무겁다
축 늘어진 개 혓바닥에서
우리 살아온 날들이 헐떡거릴 때면
고달픔 목줄처럼 꽁꽁 묶고
굽은 허리를 세우곤 했다

출처 없는 속살거림
낯간지러운 밤바람 한 줄기
툭 물음표로 스친다
국가정원, 가슴보다 더 큰 이름표 달고
한낮이 무거웠을 태화강
하마 마침표로 일어설 시간이 지났는데
댓잎 위 알알이 박힌 은하수는
위만 올려다보는 세상을 흔들어댄다
달빛 길어 고요를 닦던 강물은
잠기지 않는 개구리 목청에 화들짝 놀라고
한 뼘이나 길어난 기다림에 의자는 목을 떨군다

깜빡이던 불빛 차례로 밤을 접으면
묵혔던 피로는 꿈으로 피어나고
드센 바닥 질질 끌다 닳아버린 세상은
새살로 돋을 밟힌 자리 다독이고 있다

한여름 딴생각

이슬방울도 미동 없이 말라붙은 아침
낮밤이 뒤엉켜버린 혹서에
가뭄 든 매미들 목청이 갈라진다

오수에 빠진 바람 앞에
구름은 제자리서 동동거리고
눈치 없는 하늘은
냅다 강물로 뛰어든다

더위에 놀란 발길질에
물고기들 덩달아 놀라 파닥거리고
끝없이 퍼진 파문의 끝엔
초록 잎새 어둑어둑 물들이는 캄캄한 노을
그렇게 또 오늘을 넘고 있다

하루의 어떤 걸 작위적이라 할 수 있을까
저만큼 홀로 떨어져
눈동자 깊게 도사린 왜곡의 덫에라도 걸리고픈, 지금

초겨울 동살로 와준
- 꽃송이들

고초당초 얼얼한 눈물콧물 훔치던 그즈음
초겨울 동살로 와준 꽃송이들
신분상승 노리던 며늘년 대찬 꿈
너덜너덜 바닥을 보여도 펄럭펄럭 날고 싶었던 날들

꿀꺽꿀꺽 목멘 설움
그 울음 방울방울 생명줄 삼아 자라난 꽃대궁
잠들거나 깨어있거나 살아보잔 의지가 되었다
질투의 신께 무릎 꿇고 다짐했던 절반의 사랑
돌려받은 약속이 키워낸 온전한 이름

보고 있어도 보고 싶단 흔한 말
이리도 귀한 말 되어 심장을 쥐락펴락할 줄이야
아닌 척 모른 척해도 굽이굽이 걸어갈 길
든든한 세상의 길라잡이로 덧난 상처의 명약으로
하늘 아래 땅 위 하나인 둘이기를

"엄마"
전화기를 파고드는 설렘은
옥죄었던 걱정들을 단번에 녹여낸다

서로 다른 하나들

헐벗은 아우성이 버석거리는
정원 한가운데
불안한 기다림을 붙잡고
촉수들이 흔들린다
확실히 곧아버리든지
내놓고 구불거리든지
원하는 것은 하나인데
가식 한 자락 걸치지 못하는 알몸에서
물 머금은 비밀 하나 읽는다
분명 나무는 나무인데
그저 나무라 도맷값을 매기기가 미안했다

지루함에 눅진거리는 오후
무명의 아버지와 가수인 아들이 열창을 한다
무대가 삐걱거리고 가슴이 소리를 낸다
묵직하거나 가냘프거나
저들의 속살이 전하는 울림과 떨림
다름이 길어내는 하모니의 샘
사람은 모두 사람인데
다 사람이라 부를 수가 없었다

하나의 이름으로 불렀음이 새삼 부끄러운 날
거울 속 나에게 남다른 인사를 건넨 날

生, 돌려막기

나는 너를 위해 산다
너는 그를 위해 살고
그는 그녀를 위해 또 산다, 살아본다
그러면 그녀는 나를 위해 살고 싶어 살까

그녀는 그를 남용한다
그는 철저히 너를 오용하고
너는 나를 악용하려 한다
그러면 나도 그녀를 악용해야 되는 걸까

 따닥따닥 빗소리 혼미하던 날 차창이 그의 한숨에 무너졌다 나의 삶은 어디 있냐고 누굴 위해 사는 거냐고 툭 던진 질문의 무게에 일순간 심장이 흩어졌다 열 손가락 꼽아가며 타향살이 헤아리던 그, 눈동자 깊숙이 박혀있는 불안하고 냉랭한 호흡에 사방의 공기조차 팽팽하다 공중을 떠도는 허상이 돌려대는 쳇바퀴, 비대해진 망상은 파멸을 부를지언정 결코 줄어들지 않는다 이 어지러운 돌려막기에 세상을 향한 절망은 하나의 파동으로 요동친다

깔맞춤 과정

"우리 언니야는요 얼굴도 예쁘구요"
"우리 언니야는요 그림도 잘 그려요"
"우리 언니야는요 피아노도 잘 치고요"
"우리 언니야는요~ 우리 언니야는요~"

너도 그렇다 너도 그렇다
마음 퍼담아도 차지 않던 거부의 날들
그 언니야가 조그맣게 보이던 날 이후로
동생은 정말 동생이 되었고

"엄마 쟤 왜 저래"
"엄마 쟤 나한테 말을 막 해"
"엄마 쟤 좀 봐 쟤 좀 봐~"

엄마는 알지 암 알고말고
끄덕끄덕 녹여내도 쉬지 않던 목소리들
그 동생 쟤 쟤 소리 잦아들던 날로부터
서로를 위한 깔맞춤으로
언니는 정말 언니야가 되었다

살, 대를 잇다

꽁꽁 싸맨 몸가락*에 몸틈새 내주었던 첫날밤
원앙금침 정화수에 비손하며
이불 홑청 적셨다던 흐린 기억 속 할머니
열 달 세월 어르고 달래 여린 살갗 내 엄마를 낳으셨다
아득바득 이 악물고 산 세월
더께진 굳은살, 살붙이의 인연을 그들은 알고 있었을까
달라진 세상 여전한 부름에 꿈틀거리는 小宮

* 남자의 생식기를 가리키는 북한어. 몸틈새는 여자의 생식기

그 봄 어쩔 수 없어

그녀가 그 품으로 들어간다
툭툭 불거진 뼈 마디마디
그도 그녀도 시리다
뜬금없이 겹쳐져오는 오래전 그녀 얼굴
아련한 정적, 젖은 쉼표는 울렁거린다

그가 그녀를 끌어안는다
트실트실한 위로는 옹이를 풀지 못하고
서로 기댄 자리에 무심한 무음 흐르면
슬픈 온도는 꽃분홍 적 꿈을 소환한다

사랑해
귓속을 어지럽히는 화려한 단음에
얄짤없는 세월은
지금 막 봄 된 줄 알까나

살아내서 살아가는 것이
별거 없고 별거 아닌 일이라면
한 번 더 봐주리라
또 한 번 봐주리라

나란히 앉은 숨소리에 서로를 향한 기울기
참, 추워도 더워도 봄이네 봄

차라리 내가

그깟 세상살이 의연할 수 있을 줄 알았다
수없이 일어나는 불미스러운 일들
내게만 집중포화 되는 일은 없음을 알기에

자식을 낳아보고선
이보다 더한 고통은 없을 거라며
어떤 육적 고통도 가소롭게 넘겼다
시작과 끝은 동시에 태어난 것
인과의 삶도 결정된 삶도
파란 많은 손가락 지문으로 여겼다
목놓아 울기도 숨죽여 흐느끼기도 했던 날
곡절 없는 삶은 애당초 삶이 아니었던 것

차라리란 말이 깊고 아리다
감당 못할 이 아픔
차라리 내가 차라리 내가~
기막힌 사랑을 들먹이지 않고선
지금의 심정 어찌 풀어낼 수 있을까

오양옥 첫 시집
『목적어와 외딴섬』 서평

주지적 감성으로 푸는 삶의 진정성과 곡진함

이자영

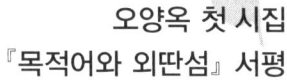

주지적 감성으로 푸는 삶의
진정성과 곡진함

이 자 영
(시인·울산대학교 사회교육원 주임교수 역)

　창작행위는 기존의 것에서 벗어나려는 몸부림에 다름 아니다. 모두가 앞으로만 내달리는 길 위에서 그 흐름과 속도를 추종하지 않고 돌아서 달려가는 의연한 몸짓이다. 그리고 그 방향성 속에서 새로운 진실을 찾는 일이다. 시인이 기꺼운 마음으로 앓아야 할 시적 번뇌가 여기에 있다.
　문학이 문학일 수 있는 것은 정치나 윤리나 철학의 이데올로기를 선동하는 나팔수로서가 아니라 인간의 보편적 가치와 개개인의 감정을 감동의 형식과 정서적으로 순화된 미적 가치로 형상화하여 풍요로운 공존의 삶을 구현하는 데 있다. 그러므로 문학은 일시적으로 흥행하는 대중가요처럼 일제히 소리높여 불러대는 이데올로기의 획일적인 구호가 아니라 치유적 효용성을 적극적으로 수용하여 영원한 감동의 메시지로 독자를 압도하는, 항시 살아있는 독자적인 목소리여야 한다. 그것이 진정한 문학정신이라 할 수 있다.

현실을 투시하는 냉철하고 예리한 감각의 촉수를 지닌 오양옥 시인이 첫 시집, 『목적어와 외딴섬』을 펴낸다.

2021년 월간 문학세계 신인문학상을 수상하면서 문단에 입성한 후 잠시도 안주하지 않고 끊임없는 문학공부를 통하여 자신의 시 세계를 다져온 결실이다.

이번 시집은 총 85편의 시작품을 <제1부> '아침은 똥차가 연다' <제2부> '각角의 노래' <제3부> '술꾼 도시 여자들과 건배' <제4부> '수많은 오늘들' <제5부> '마음大路 그리고 自然스럽게' 등에 나누어 담고 있는데 시편마다 각별한 시적 행위가 읽혀지는 언어적 카타르시스를 터득하여 얻은 산물이다. 이제 오양옥 시인이 주야로 일구어 놓은 시의 채마밭을 거닐어보자.

사람 위에 사람 없고
사람 밑에 사람 없다는 말
새빨간 거짓이 된 지 오래다

콩나물국밥도
핏물 고인 스테이크도
간밤의 행적 깡그리 지워버린 채
이곳에선 그저 똥이다

부글부글 터지는 세상

미주알고주알 쏟아낸 푸닥거리 갈앉혀
별 다름없는 무심함으로
나의 아침을 두드린다

품고 있거나 뱉어 내거나
그놈이 그놈인데
구린 눈엔 구리게만 보일 테지

귀하지 않은 중생 어디 있을까
오늘도 초록의 똥차는
똥같은 세상 똥으로 뭉개며
후련한 아침을 연다
- 「아침은 똥차가 연다」 전문

  시적 대상이 예사롭지 않은 시 작품이다. 새 아침을 여는 대로에서 심심찮게 마주치는 덩치 큰 차량, 결코 상쾌하지 않은 저 차를 시적 화자는 망설임없이 '똥차'라 부르며 시적 접근을 시도한다.

  '사람 위에 사람 없고 / 사람 밑에 사람 없다는 말 / 새빨간 거짓이'라며 공평도 공정도 잃은 세상을 향해 뒤섞여 부글부글 끓는 불편과 갈등을 시원하게 날려 보낸다. '콩나물국밥도 / 핏물 고인 스테이크도 / 간밤의 행적 깡그리 지워버린 채 / 이곳에선 그저 똥'일 뿐이다. 시적 이미지와 부합하는 거칠고 투박한 시어 선택에 큰 성공을 거두며 시적 화자나 독

자가 똑같이 카타르시스를 경험하게 한다. 흔히 감정 정화작용으로 풀이하는 카타르시스(catharsis)의 그리스 어원이 '설사泄瀉하다'란 사실을 되새겨보면 그야말로 이 시편이 나타내고자 하는 심층적 의미에 고갤 끄덕이게 된다.

> 강변로 먼발치 아득한 어스름이
> 머리 위 물빛 하늘과 박음질을 시작할 때
> 찬란한 하루를 꿈꾸었던 태양은
> 솟대로 오른 피뢰침에 핏빛 노을을 토해낸다
>
> 아파트 모서리 오도 가도 못하는 열구름
>
> 틈을 메워야만 기회를 살 수 있고
> 이리저리 짜 맞춰도 결국 각뿐인 세상을
> 둥글고 모 없이 살아야 한다는
> 오래된 이율배반의 말로 비웃고 있다
>
> 효율과 효용,
> 필요의 시대를 살아내는 네모들
> 펄떡거리는 심장은 악착같은 애를 쓰며
> 달아오른 바다 서슬 퍼런 담금질에
> 각을 지워가던 몽돌의 닳은 삶을 더듬는다
>
> 눈동자 머무는 곳마다 불쑥불쑥 들려오던
> 각들의 애가哀歌에

울컥거렸던 마음들은 서로를 보듬는다

-「각角의 노래」 전문

　오양옥의 시는 서정과 서경을 가로질러 그것을 단일한 범위로 엮으려 하는 노력을 많이 보인다. 흔히 시인이 자연을 노래할 때 그것은 서정의 양상으로 발현하여 우리에게 낯익은 세계를 제시하는 경우가 많은 반면, 오양옥은 익숙한 자연으로부터 도시적 감수성을 펼쳐내기도 하고 서정의 영역에다 비극적 근대성을 결합하기도 한다. 주지적 직관으로 시를 포착하는 힘을 시집 곳곳에서 발견할 수 있다.

　'강변로 먼 발치 아득한 어스름이 / 머리 위 물빛 하늘과 박음질을 시작할 때' 시적 화자는 '솟대로 오른 피뢰침에 핏빛 노을을 토해' 내는 정경을 목격한다. 서정의 장면에 깊이 빠진 듯하다가 어느새 '피뢰침'에 찔려 피를 토해내는 노을을 근대성으로 포착한다. '아파트 모서리 오도 가도 못하는 열구름'은 이곳저곳 행로를 모색해보지만 결국 각뿐인 우리들의 세상은 이율배반의 모순성만 보여줄 뿐이다. '효율과 효용 / 필요의 시대를 살아내는 네모들'은 '달아오른 바다 서슬 퍼런 담금질'로 규각을 벗어 몽돌이 된다. 냉철한 저마다의 의식을 고형화된 틀에 맞추려 하는 사회적 의도를 수긍도 거부도 못한 채 고뇌하는 현대인의 갈등을 작위감 없이 잘 풀어내고 있다.

"적시자"
허공을 갈라놓는 술잔소리 경쾌하다
서른 동갑내기 세 가시나가 풀어내는
기起-승承-전轉-주酒

기뻐서 슬퍼서 외로워서 마시는
별일 아닌 이유를 별일로 삼아
할 일 없는 날을 할 일로 잡아 치르는 의식
구불구불 넘어가는 인생길
술술 넘어가는 후련한 이야기가 넘쳐난다

저들은 그저 흔들리는 청춘이 아니다
염려 아닌 불신, 공감 아닌 편견 배려 아닌 차별을
술잔마다 악착스레 매달고 밤새 들이켜야 하는 눈물이다
푸석 푸석 까칠거렸던 하루를 달래고
전쟁 같은 삶을 평정하는 젊음의 시간
찰랑거리는 잔에서 피어나는 열꽃
늦가을 속으로 헤엄쳐 차가운 맘 녹이기를
툭툭 떨어진 이파리들 다디단 소망으로 적셔내기를
자, '술꾼 도시 여자들'과 건배!

- 「술꾼 도시 여자들과 건배」 전문

　우리들의 언어는 감정처럼 언제나 유동하면서 자발성의 개념을 성립시킨다. 치유의 본성을 내포한 시는 무의식 속에 자리 잡고 있는 인간의 상처와 잔해들을 후련히 씻어낸다.

시인들이 진리라고 믿는 절대의 경지를 노래한 모사模寫의 실체가 된 현상은 다분하다. 진리는 이념이 되고 그에 맞춰 정의 실현을 추구하려 발밤발밤 걸음을 떼는 몸짓이 바로 시인의 자세인 것이다.

 위 인용시는 매체시로 일상의 모순을 반영한 내면세계가 인간미를 담아 꿈틀거린다. 시적 화자는 TV 속 술꾼 여자들과 혼연일체가 되어 '별일 아닌 이유를 별일로 삼아/ 할 일 없는 날을 할 일로 잡아' '염려 아닌 불신, 공감 아닌 편견, 배려 아닌 차별을' 절규하며 '밤새 들이켜야 하는 눈물이'라며 TV 속 술꾼을 진솔한 목소리로 응원한다. 이렇듯 오양옥의 시는 시적 보편성의 개연성을 포괄하면서 절대적 사상이나 종교적 이념 이상으로 사람들의 마음을 요동치게 하는 저력을 갖는다. 그리하여 '푸석푸석 까칠거렸던 하루를 달래고/ 전쟁 같은 삶을 평정하'여 화면 밖 또 다른 술꾼 도시 여자들과도 자신있게 여유로운 '건배'를 외칠 수 있는 것이다.

  숨을 불어넣었어, 한가득
  죽었던 고무풍선은 팽팽한 달로 떠오르고
  손가락 틈새를 나들던 공기
  한껏 몸집을 키워 고백을 하지
  나 여기 있어, 여기

  동살 쏟아지는 바다에 발을 담갔어

젖어들던 빛은 솔래솔래 사라지고
매끈했던 다리엔 그림자만 까슬까슬 남았지
땡볕 아래 훤히 드러난 진실은
거짓 없는 짠맛일 뿐

태초의 물맛도 대양의 비릿함도
넘침도 모자람도 봐줄 수 없는 우리의 농도
뿜어내는 눈물맛이 다 다르다 해도
변하면 안 되는 삶
죽어가면서도 살려내야 하는 삶

-「소금을 닮으려」 전문

 이제 성실하고 맑은 시인의 한 생애가 소금 알갱이처럼 영글었음을 자각하는 시간, '죽었던 고무풍선은 팽팽한 달로 떠오르고 / 손가락 틈새를 나들던 공기 / 한껏 몸집을 키워 고백을 하'며 곧은 자세로 실존을 외친다. '나 여기 있어, 여기' 있다고.

 '돋살 쏟아지는 바다에 발을 담'그고 소금 한 수레를 얻으려 열 수레도 넘는 땀을 흘리며 살아낸 우리들의 삶, 돌아보면 '매끈했던 다리엔 그림자만 까슬까슬 남'아 '거짓 없는 짠맛'을 일깨워주는 현실이 아니었던가. 그러나 분명한 진리는 짠맛 끝에 단맛을 맛볼 수 있는 것.

 그래서 시적 화자는 다시 또 소금을 닮으려 다짐한다. '뿜어내는 눈물 맛이 다 다르다 해도 / 변하면 안 되는 삶 / 죽어가면서도 살려내야 하는 삶'이라고.

    갈바람에 마른 잎들이 떠돌면
    툭툭거리며 허공이 무너진다

    좋은 부모를 만났더라면
    공부를 잘했더라면
    돈을 좀 더 많이 가졌더라면
    구질구질한 목적어 대신
    낙엽만 가득한 의자엔 덩그러니 고독이 앉아있다

    부모라도 잘 만났더라면
    공부라도 잘했더라면
    돈이라도 많았더라면
    그 '라도'는 어느 구석에 앉아있는 외딴섬인지
    차올린 발길질에 돌멩이만 아프다

    바스락거리는 변명들의 잔치
    그 성대한 잔치의 주인공은 현실 속 나
    어쨌든 우리는
    과거를 비탄하며 미래를 애도한다
    무뎌진 채 옆조차 보지 않은 독 품은 **獨走**
    마음이 생각을 조종하는 것인지
    생각에 마음이 매여있는 것인지

                      -「목적어와 외딴섬」 전문

시로 형성된 하나의 세계는 대개 사물이나 사건을 응시하여 구축하지만 응시만으로 묘사를 완결하기가 어려울 때도 왕왕 있다. 이러한 상황을 체감한 시적 화자는 자신만의 시어를 찾아내려는 집요한 의지로 마침내 표제시로 우뚝 자리 잡는 오양옥만의 시어를 찾아내고야 만다.

　'부모라도 잘 만났더라면 / 공부라도 잘 했더라면 / 돈이라도 많았더라면 / 그 '라도'는 어느 구석에 앉아있는 외딴 섬인지' 평범하기 짝이 없는 일상의 넋두리에서 '라도'라는 기막힌 외딴섬을 찾아내는 안목이 매섭고 기발하다. 낯익은 듯 스스럼없이 시작되는 시적 세계가 독자들을 한없이 낯선 지점에 부려놓는다. 단순한 일상의 것들이 독특한 발상의 결합을 통해 최대의 효과를 획득한 모더니티의 결정체라 할 수 있겠다. 이러한 시적 논리가 혼종성의 세계를 형성하여 오양옥 시인의 차별화된 시의 정체성을 만들어내고 있는 것이다.

　'마음이 생각을 조종하는 것인지 / 생각에 마음이 매여있는 것인지' 독자들에게 던지는 끝없는 질문은 한동안 뇌간을 흔든다.

　　세상을 휘젓고 다닌다
　　텅 빈 사각 프레임
　　날마다 다른 수많은 오늘들
　　빨간날 그리며 손가락 접어갈 때
　　무심한 숫자 뒤로 사연들 파고든다

크나큰 월급봉투의 설렘
사업가의 두터운 두려움이 되고
빨간 동그라미의 기쁨에서
검은 리본의 슬픔이 되어버린

우리들의 이야긴 묻어버려야지
무책임한 뫼비우스의 띠에 올라앉아
긴긴 여행이나 해야지

머지않은 그날
희멀건 달력 붉게 칠갑하며 다가오면
한 올의 머리털도 한끝의 옷자락도
남김없이 내줄 텐데
들키지 마라 그때까진 안돼
할 말 많은 달력은 말수를 줄이고
다시 담장을 넘는다, 덤덤히
　　　　　　　　　-「수많은 오늘들」 전문

　근래 우리 시는 지나치게 사소화되어 가는 양상을 보인다. 자잘하기 짝이 없는 일상의 경험과 정서를 일기처럼 나열하면서 서정시라 우기고 있고 산문화된 난삽한 요설들과 멋부림을 반복하면서 시대를 초월한 현대시라 목청을 높이기도 한다. 세상에 대한 진지한 성찰도 시어에 대한 올곧은 탐구도 없이 언어의 유희와 겉멋에 도취된 위험한 시들이 활개를 친다. 이러한 관점으로 볼 때 시류에 편승하지 않고 삶과 세상에 대한 진지한 눈맞춤을 견지하는 오양옥의 시적 의도는 분명한 성공을 거두고 있다.

　일상 속에 무심히 걸려있는 달력들, 그의 시선이 비껴갈 리 없다.

　'크나큰 월급봉투의 설렘 / 사업가의 두터운 두려움이 되고 / 빨간 동그라미의 기쁨에서 / 검은 리본의 슬픔이 되어버린' 그렇다. 달력엔 여러 각도의 삶과 죽음이 공존하는 공간, 수많은 사람들의 사연이 담겨있다. 날마다 소비해버리고 마는 어제이지만 또한 '날마다 다른 수많은 오늘들'이기도 하다. 그러나 끝까지 마음을 들키지 않은 채 '할 말 많은 달력은 말수를 줄이고 / 다시 담장을 넘는다, 덤덤히' 숙제 같은 하루하루를 살아내는 우리들의 삶을 '달력'이라는 시적 상관물을 통해 대변하는 시적 기술이 탁월하다. 희로애락으로 여울진 우리들의 삶은 그저 '무책임한 뫼비우스의 띠에 올라앉아 / 긴긴 여행이나' 해야 할 숙명일진대.

　　비릿한 태백의 바람이 툭 터져 나온다
　　쫄깃한 속살 틈새로
　　빨치산 군홧소리 들려오고
　　목구멍 굽이굽이 역사가 파도친다
　　맛깔스런 호사를 누리는 시간 저 너머
　　캐고 씻고 해감하고 삶고 까고
　　수많은 손놀림만큼이나 장황한 이야기들

벌교 꼬막 한 알 한 알엔
『태백산맥』열 권이 고스란히 들어있다

- 「벌교에서 꼬막을 읽다」 전문

오양옥의 시는 전반적으로 시의 공리성公利性을 잃지 않고 있다. 시인의 역할을, 세상의 아름다움을 노래하는 새의 지저귐에서가 아닌 이 시대에 도저한 사회의 갈등과 아픔을 들춰내고 치유하는 법을 제시하는 치료사의 소명의식에서 찾고자 노력하는 시인이다.

어느 날 시인은 전남 보성군에 위치한 벌교를 들르게 된다. 벌교가 어떤 곳인가. 소설가 조정래가 지은 대하 역사소설 『태백산맥』의 공간적 배경이 된 그곳. 여순사건이 떠오르고 벌교 유지인 김사용과 서민영, 김범우가 줄곧 머릿속을 횡단하는 곳이 아니던가. 아니나 다를까. 벌교 주요 먹을거리인 꼬막을 먹던 시적 화자는 '비릿한 태백의 바람이 툭 터져나'옴을 느끼며 '쫄깃한 속살 틈새로 / 빨치산 군홧소리'를 듣는다. '맛깔스런 호사를 누리는 시간 저 너머 / 캐고 씻고 해감하고 삶고 까고 / 수많은 손놀림만큼이나 장황한 이야기들'을 떠올리며 '벌교 꼬막 한 알 한 알엔 /『태백산맥』열 권이 고스란히 들어있다'고 너스레를 떤다. 이렇듯 시는 작품 이외의 실상이나 여러 형태의 소재들을 이데아로 응용함으로써 그 효과를 높일 수도 있음을 보여준다.

오양옥 시를 관통하는 주된 흐름은 주지적主知的 감성이다. 이성理性과 지성 그리고 합리성을 모토로 하여 시적 풍자(satire)를 꾀하는 시 작품이 대다수이다. 시적 풍자는 일반적으로 인간의 어리석음과 나약함 그리고 부조리한 사회현실을 시 작품을 통하여 고발하는 문학 형태이다. 비판이나 고발성이 풍자의 목적이 아니라 인간의 부도덕성을, 언젠가 진정으로 진솔한 인간이 되게 유도하고 부조리한 현실을 극복하여 인간과 사회에 관한 질서를 바로 잡는 데에 그 목적이 있다. 이러한 풍자시는 다양한 시적 기교를 통하여 다각화의 특성이 깃든 시어로 표현되며 구조학적 작품의 관점으로 보면 소리 또는 리듬, 이미지가 시적 효과에 큰 영향을 미친다는 것을 알 수 있다. 오양옥 시의 대표적 풍자시는 「알나리 꼴나리」 「가스라이팅이 따로 있나」 「한 끗 차이」 「꼴랑, 딸랑」 「따닥과 타닥」 「결로현상」 「넘쳐서 모자란」 「다르니까 다른 건데」 「아슴거리다가 찍혔다」 「신드롬 세상 속」 「다시 신데렐라를 쓰다」 「울컥海와 다도海」 「목적어와 외딴섬」 등을 들 수 있겠다. 詩題에서부터 소리와 리듬, 이미지의 특성이 보인다.

"잘 도착했어요"
남편의 메시지에 시선을 꽂습니다

친구가 바람 잡아 떠난 남자들만의 여행
가도 그만 안 가도 그만이라던 그에게
가라고 꼭 가라고 등을 떠밀었지요

목적 없이 가족 없이 떠나는 여행이 낯설어
여행 전부터 눈짓도 몸짓도 어색했던 그에게
"여긴 신경 딱 끄고"
짧은 답신을 보냅니다

아들로 남편으로 아빠로 살면서
어떤 고비에도 무릎 굽히지 않았던 사람
허락된 그의 가출이 우리가 응원하는 쉼표였으면

딩동~
하늘 넘어 사진 몇 장이 날아옵니다
웃음기 없는 그의 얼굴에 웃음이 납니다.
"좀 웃고 찍지"
"마누라가 없어서"
무딘 내 심장이 파르르 물결져옵니다

이제 내 남편,
허락된 가출을 끝내고 돌아오고 있습니다.

-「허락된 가출」 전문

인간과 사회 현실의 모순성에 천착하는 오양옥은 또한 누구보다 가족과 혈연에 애착을 갖고 있는 현모양처적 품성을 지닌 여성이기도 하다. 문학의 근간이 되는 것은 뭐니 뭐니 해도 인생의 문제이다. 인간의 삶을 규명하고 그 본질적 의미와 가치에 매달려 삶에 대한 바람직한 방향성과 자세를 확립하는 일이다. 그래서 사르트르는 "문학은 인생에 대한 질문"이라 갈파했다.

친구가 바람을 잡아 남자들만의 여행을 떠난 화자의 옆지기. '가도 그만 안 가도 그만이라'며 무덤덤한 그를 '가라고 꼭 가라고 등을 떠밀었'던 아내. '목적 없이 가족 없이 떠나는 여행이 낯설어 / 여행 전부터 눈짓도 몸짓도 어색했던 그에게' 화자는 '여긴 신경 딱 끄고'라는 짧고 굵은 한 마디를 전송한다. 그러고는 가슴 밑바닥에서 퍼올린 간절한 기원을 해본다. '허락된 그의 가출이 우리가 응원하는 쉼표'이기를.

가족애의 진정성이 돋보이는 또 다른 시편들로는 「직사각형의 노래」 「血, 전류보다 뜨거운」 「때도 추억이 된다」 「깔맞춤 과정」 「이사는 진행 중」 「그 봄 어쩔 수 없어」 「生, 돌려막기」 등을 들 수 있겠다.

지천명을 한참 넘어 선 시적 화자는 정말 하늘의 목소리를 들었을까. 드디어 눈앞에 펼쳐진 큰길에 들어선다. 그것도 아주 自然스럽게.

신작로와 촌길을 걷고 거닐었다
밟고 밟혔다 수많은 꽃길과 가시밭길
한 줌 안에 무한대로가 펼쳐져 있었다
가벼웠다가 무거웠다가
뜨거웠다가 차가웠다가
여러 겹의 똬리를 틀고
반전의 꿈을 낼름거리는 독사의 혀가 살고 있었다
그곳 '마음대로'엔

스스로 그러했다
순서없이 마음대로 솟아오른 산과 바다는
생명보다 앞서는 위대함과 나약함을 낳았던 것

'자연스럽게'
누가 이따위 작위적인 말로 꼬드기는가
누가 이따위 말랑말랑한 말로 찔러대는가
두 겹의 언어는
마음대로 달리는 나를 매 순간 붙들어세운다
놀랍게도 완전 자연스럽게

- 「마음大路 그리고 自然스럽게」 전문

 모든 문학의 출발점은 결국 세상을 향해 가지를 뻗는다.
 오양옥은 사물이나 사건에 대한 관찰을 거듭하면서 예민해진 감각으로 상태나 움직임을 묵시적으로 나타내는 시적 기술의 성장세를 보인다. 그의 시편들은 넘치지 않는다는 특장特長을 가지고 있다. 감상적으로 정서를 과잉하여 표출하지도 않고 시적 수사를 남발하여 쓸데없이 시를 난삽하게 만들지도 않는다. 절제된 시어에다 주지적 성찰로 통제되어 있어 믿음을 준다.

시적화자는 이제 새로 발견한 자신만의 大路를 다시 걷기로 한다. '밟고 밟혔던 수많은 꽃길과 가시밭길 / 한 줌 안에 무한대로가 펼쳐져 있었다 / 가벼웠다가 무거웠다가 / 뜨거웠다가 / 차가웠다가 / 여러 겹의 똬리를 틀고 / 반전의 꿈을 낼름거리는 독사의 혀가 살고 있었'음을 큰길, 大路에서 재발견한다. 마음이 세상을 여는 그 길은 다름 아닌 '마음大路'임을. 그리고 그 '마음大路'를 거니는 나그네의 자세는 '완전 自然스럽게' 다듬어야 함을.

오양옥의 『목적어와 외딴섬』을 읽었다.

표제부터 무한한 신비감과 상상력을 부추기는 특이성만큼이나 그 섬에는 다채로운 삶들이 살고 있었다. 시편들을 음미하는 내내 언어를 '존재의 집'이라 규명했던 하이데거의 음성이 자주 들려왔다.

주지적 감성으로 풀어내는 삶의 진정성과 곡진함이 읽는 이들에게 다가가 헝클어져 가는 사회 정서의 순화적 촉매제가 되길 기대한다.

오양옥 첫 시집
목적어와 외딴섬

초판1쇄 발행 2025년 1월 8일
초판2쇄 발행 2025년 1월 21일

지은이 오양옥
펴낸이 이길안
펴낸곳 세종출판사

주소 부산광역시 중구 흑교로 71번길 12 (보수동2가)
전화 051－463－5898, 253－2213~5
팩스 051－248－4880
전자우편 sjpl5898@daum.net
출판등록 제02-01-96

ISBN 979-11-5979-737-8 03810

정가 13,000원

이 책은 저작권법에 따라 보호받는 저작물이므로 무단전재와 무단복제를 금지하며,
이 책 내용의 전부 또는 일부 내용을 재사용하려면 사전에 저작권자와 세종출판사의
동의를 받아야 합니다.

* 잘못된 책은 교환해 드립니다.